C'est quoi
l'intelligence?

Albert Jacquard

Entretiens imaginés par
Marie-José Auderset

C'est quoi
l'intelligence?

ÉLAGUÉ

CRAYON-REPORTER PRONTO

Seuil

COLLECTION DIRIGÉE PAR NICOLE VIMARD

ISBN 2-02-011399-6.

ET, MAINTENANT, POUR NOTRE SOIRÉE, DANS LA SÉRIE " UN SCIENTIFIQUE PARLE AUX ENFANTS", ALBERT JACQUARD RÉPOND AUX QUESTIONS DE LA PETITE MAUDE, UNE ÉMISSION RÉALISÉE PAR MARIE-JOSÉ AUDERSET ET ILLUSTRÉE PAR PRONTO !

Le monde est plein de mystères

Pendant mes vacances, je suis allée visiter l'Institut Pasteur à Paris. C'est incroyable le nombre d'instruments et de machines électroniques, scanners, ordinateurs, appareils de mesure que j'y ai vus ! Je me demande si on ne va pas bientôt tout savoir sur le monde et connaître parfaitement l'homme.

Aussi surprenant que cela puisse te paraître, nous connaissons mal le monde dans lequel nous vivons. Il est encore plein de mystères. Bien sûr, les scientifiques ont pu, grâce à leur imagination, à leurs raisonnements, à la mise au point de nouvelles techniques, observer de nombreux phénomènes auxquels on ne pensait même pas il y a quelques dizaines d'années. Bien sûr, ils ne se demandent plus si la Terre est ronde et savent que c'est elle qui tourne autour du Soleil. Mais au fur et à mesure qu'ils font des découvertes, ils se rendent compte de tout ce qu'ils ignorent encore. Et cela fait beaucoup de choses. Ils savent même que la compréhension de l'univers ne sera jamais totale.

Il y a pourtant beaucoup de scientifiques sur la Terre... Avec toutes les recherches qu'ils font, ils devraient mieux connaître le monde, non ?

Imagine une magnifique propriété, si bien cachée par des arbres que personne ne sait ce qui s'y camoufle. Rien de tel pour susciter la curiosité du voisinage : certaines personnes prennent de temps à autre des jumelles pour deviner entre les branches d'un arbre un peu dégarni la vie qui se déroule derrière la verdure. Les rumeurs laissent entendre qu'il doit y avoir une belle maison. Certains affirment même avoir repéré un porche et des fenêtres aux encadrements richement décorés. Jusqu'au jour où le portail de la propriété s'ouvre. Tout le monde peut enfin voir les fenêtres et le porche qui ont tant fait jaser. Ils sont en tout point pareils à ce qui avait été deviné entre les branches.

Mais ces fenêtres et ce porche appartiennent à un magnifique château, tel que personne ne l'avait imaginé.

Les gens doivent être contents...

Oui, mais une fois la surprise passée, la curiosité torture de nouveau les méninges des plus curieux. Derrière ces fenêtres, qu'est-ce qu'il peut bien y avoir ? Comment vivent les gens qui habitent là ? Et dans le galetas, et dans les caves, y a-t-il des trésors ?

En apercevant les fenêtres et le porche, on a cru savoir déjà pas mal de choses sur cette propriété. Lorsqu'on a pu voir davantage, on s'est rendu compte qu'on s'était un peu trompé : c'était mieux qu'une maison. C'était un château. Et alors ? On *croyait savoir,* et maintenant *on sait* qu'on en sait finalement très peu sur cette propriété.

Mais pourquoi me racontez-vous cette histoire ?

Le château, c'est un peu le monde que les scientifiques cherchent à comprendre.

Nous aussi, on s'est rendu compte qu'en permanence des découvertes nous obligent à réflé-

14

chir de nouveau, à remettre en question nos certitudes. Ainsi notre vision du monde s'élargit : le portail s'est ouvert, le château est apparu. Mais en même temps, on prend conscience de tout ce qu'on ignore encore. Cette aventure qui nous permet de connaître chaque jour un peu mieux le monde est merveilleuse. Car plus on connaît de choses, plus on est émerveillé par ce qui nous entoure. Un ciel étoilé, c'est beau. Mais quand on sait que telle lumière est une étoile, que telle autre est une galaxie, c'est plus beau encore.

L'intelligence, ça se construit

À l'école, je n'aime pas être interrogée devant mes camarades et je déteste les travaux écrits. Même si j'ai bien appris mes leçons, mon cœur se met à battre très vite et j'ai de la peine à me concentrer. Ma copine répond toujours très bien aux questions de notre professeur ; pourtant elle n'étudie pas plus que moi. Elle est probablement plus intelligente !

Dans ta classe, certains sont forts en maths, d'autres savent raconter des histoires drôles ou

sont les rois de la gymnastique, d'autres enfin s'inventent, tout éveillés, des rêves magnifiques. Il y a beaucoup de manières d'être intelligent, sûrement autant qu'il y a d'êtres humains sur la Terre. Heureusement, car sinon on n'aurait rien à se dire, puisqu'on aurait le même avis sur tous les problèmes. Alors, que ce soit à l'école ou ailleurs, je crois qu'il vaut mieux simplement essayer d'être chaque jour un peu plus intelligent. Car l'important n'est pas d'être meilleur que son camarade. D'ailleurs tu n'apprécies pas davantage une copine parce qu'elle a de bonnes notes en classe. C'est plutôt parce qu'elle est sympa et que vous vous comprenez bien.

Mais l'intelligence, c'est quoi ?

C'est comme si, à la naissance, tu avais reçu une grande feuille à dessin et des peintures de toutes les couleurs. Depuis lors, à chaque occasion, tu prends ton pinceau pour y dessiner des formes. C'est ainsi que, peu à peu, tu as fait apparaître, sur ce papier, un paysage et une maison. Puis tu as décidé d'y ajouter des couleurs. Chaque jour, ton dessin devient plus riche et plus beau. Comme ton intelligence. Chaque fois que tu fais travailler ton cerveau, que tu te poses des questions et que tu observes ce qui t'entoure, tu deviens plus intelligente. En utilisant ton cerveau, tu le rends capable de nouvelles performances. C'est le contraire d'une pile, qui, elle, s'use peu à peu, à mesure qu'on l'utilise. Le cerveau, au

contraire, s'use lorsque l'on ne s'en sert pas. C'est merveilleux, non?

Et cela sera sans fin. Car chaque fois que tu obtiens une réponse, que tu comprends un raisonnement nouveau, tu constates que de nouvelles questions se posent, que des raisonnements encore plus subtils doivent être mis au point. Oui, ce sera sans fin. Heureusement. Car la vie serait triste si l'univers n'avait plus de secrets. Par chance, il est si riche que nous n'en aurons jamais fini de l'explorer.

Un bébé ne sait rien faire tout seul : quelle chance !

Ma chatte a mis bas cinq petits. Ils ont maintenant à peine trois mois, et pourtant ils jouent presque toute la journée. S'ils trouvent sur leur chemin une pelote de laine, il leur suffit de quelques minutes pour la dérouler. S'ils s'approchent d'une plante, c'est probablement qu'ils vont se suspendre aux branches. Depuis quelques jours, quand je les appelle par leur nom, ils dressent l'oreille et se retournent. Quand je pense à mon petit frère lorsqu'il avait leur âge, il ne savait rien faire sans notre aide !

Ces chatons ont surtout eu la chance de naître en étant déjà assez développés. Comme d'autres animaux. Observe un poulain, par exemple. Bien qu'il doive rester près de sa mère pour la téter pendant plusieurs semaines, il se tient debout aussitôt après sa naissance. Plus surprenant encore, le chiot qui, grâce à son flair, réussit à retrouver son maître dans une cachette à près d'un kilomètre.

Alors pourquoi ces animaux ne deviennent-ils pas aussi intelligents que l'homme ?

Lorsqu'il vient au monde, l'enfant ne sait rien faire. Il lui faudra plusieurs années pour qu'il se débrouille seul. Les premiers mois, il apprendra à manger, à sourire, puis à marcher, à parler et plus tard encore à dessiner, à faire de la luge et du vélo. Tout cela, grâce à ceux qui vivent avec lui : ses parents, ses frères et sœurs, ou ses

amis. Comme tu l'as constaté, c'est beaucoup plus compliqué et plus long que chez les animaux. Mais c'est une chance pour le bébé. En passant beaucoup de temps avec lui, en lui parlant, en lui faisant découvrir ce qui l'entoure et en lui donnant de la tendresse, la famille lui apprend toutes sortes de choses qu'un chien ne saura jamais : parler, réfléchir, faire des projets. En un mot devenir chaque jour plus intelligent.

On devient donc intelligent grâce aux autres ?

Oui. Et même lorsqu'on est une grande personne, les autres nous sont indispensables. Ça

peut paraître surprenant puisqu'un adulte est capable de se faire à manger, de conduire une voiture, de s'occuper de son appartement, et de bien d'autres choses encore, sans aucune aide. Mais tout cela ne suffit pas pour vivre heureux. Que fera donc une personne sur une île déserte lorsqu'elle est gaie, qu'elle a du chagrin, ou qu'elle a découvert quelque chose ? Elle aura envie de le dire, de le raconter, de poser des questions. Elle aura besoin aussi de se sentir aimée et de pouvoir aimer. Et tout cela, seuls les autres peuvent le lui apporter, et lui permettre ainsi de devenir plus ouverte, plus intelligente.

Échanger des questions, des réponses, des idées est un jeu où tout le monde est gagnant. Lorsque deux hommes se rencontrent chacun avec une idée, ils se sépareront avec, chacun, deux idées, peut-être trois. Car la discussion en aura sûrement fait naître une nouvelle.

Les idées, les émotions, les interrogations, c'est le contraire de l'argent : les partager, c'est s'enrichir.

Le cerveau humain
n'a pas fini de nous étonner

A la maison, on a un ordinateur. Mes parents l'utilisent très souvent pour leur travail. Moi ce qui me plaît, c'est de m'amuser avec lui : on fait des batailles navales, il m'apprend à jouer aux échecs et il corrige mes dessins. C'est incroyable tout ce qu'il est capable de faire. Je trouve qu'il est très intelligent. Et pourtant il paraît que l'ordinateur, même le plus perfectionné, n'arrive pas à la cheville du cerveau humain.

C'est vrai, parce qu'il n'existe pas d'ordinateur capable d'avoir de la volonté ou de vrais sentiments, d'être de bonne ou de mauvaise humeur, d'aimer ou de rêver. Mais je crois que, d'une manière générale, il vaut mieux ne pas comparer l'ordinateur au cerveau. Le cerveau est si extraordinaire, si perfectionné, que les scientifiques comprennent seulement de très petits domaines de son fonctionnement.

Mais en gros, comment ça marche un cerveau ?

Quand un enfant naît, son cerveau n'est pas encore terminé. C'est un peu comme s'il y avait, sous le crâne du bébé, des lutins pleins de bonne volonté mais peu expérimentés. Leur travail, c'est de se communiquer des messages. Mais comme ils se trouvent dans des tunnels très sombres, ils ne se voient pas les uns les autres. La vie y est donc très difficile, jusqu'au jour où quelques-uns d'entre eux découvrent qu'ils ont, autour du cou, chacun une lampe de poche. La nouvelle se répand lentement, si bien que peu à peu, ici et là, des lutins commencent à s'envoyer

25

des signaux lumineux. Ils finissent par s'apercevoir qu'ils sont des milliards. Et comme l'union fait la force, leur travail devient plus facile.

Mais on n'a pas de lutins dans la tête!

Dans la réalité, on appelle ces lutins des neurones. Leur nombre est incroyablement élevé. Il y en a probablement 100 milliards. Pour te donner une idée de ce chiffre, imagine que tu veuilles compter les neurones d'un cerveau, à toute vitesse. Pour y arriver, ta vie n'y suffirait pas. Et même si tu demandais l'aide de tous tes camarades de classe, il faudrait que vous deveniez tous au moins centenaires.

Et ces neurones, que j'ai comparés à des lutins, n'ont en fait pas qu'une seule lampe autour du cou mais des milliers. C'est-à-dire que chacun communique avec des milliers d'autres.

Ce sont ces neurones, et les liens qu'ils établissent entre eux, qui permettent peu à peu d'avoir de la mémoire, de l'imagination, des émotions, des réactions. Bref, de devenir intelligent.

On devient aussi intelligent
en dormant

C'est tous les soirs pareil : papa et maman veulent que j'aille me coucher tôt. Moi je n'en ai pas envie. D'abord je n'ai pas sommeil ; et puis je déteste devoir quitter les grandes personnes quand elles sont encore debout. Une fois sous les draps, ça ne s'arrange pas, car je n'aime pas me retrouver dans la nuit. Pire encore, il m'arrive de faire de mauvais rêves. Alors, souvent je me dis que, si je pouvais passer moins de temps sous les plumes, ce serait vraiment agréable.

On entend parfois des gens dire : « Dormir, c'est une perte de temps », « Quand on dort, on ne fait rien ». Ces réflexions sont fausses. Au contraire, les spécialistes disent : « Dormir, c'est se développer. » Ainsi, les substances qui nous font grandir ne sont fabriquées par notre organisme que durant le sommeil. Les heures de sommeil ne sont pas toutes semblables. A certains moments, le cerveau n'est pas du tout

« endormi ». Il travaille au même rythme que lorsqu'on est éveillé. On appelle cela les phases de « sommeil paradoxal ». C'est au cours de ce sommeil paradoxal que l'on rêve et surtout qu'il se passe, semble-t-il, quelque chose d'extraordinaire dans notre cerveau : nous faisons défiler tout ce que nous avons vu, entendu, touché ou senti au cours de la journée, et nous les adaptons à notre personnalité.

Et qu'est-ce que cela change ?

Le matin au réveil, on ne voit plus les choses de la même manière. Prenons un exemple : il t'est sans doute arrivé un soir de te coucher avec un très gros chagrin. Peut-être t'étais-tu battue

avec ton frère. Peut-être avais-tu été grondée. Que sais-je encore ? Toujours est-il que tu as beaucoup pleuré dans ton lit avant de t'endormir. Mais as-tu remarqué comme tu étais différente le lendemain matin ? Tes yeux étaient sûrement gonflés de larmes. Ton chagrin était toujours bien réel, mais il n'était plus tout à fait le même. C'est que le sommeil paradoxal avait fait son travail. Un travail merveilleux qui permet de « digérer » les choses, de mieux les comprendre et de les adapter à ta personnalité. En fait, chaque nuit qui passe te permet de devenir un peu plus toi-même et de construire un peu plus ton intelligence.

Alors, il est bon de dormir le plus longtemps possible ?

Non, ce qui importe est de satisfaire son besoin personnel de sommeil, et ce besoin est très variable d'un enfant à l'autre.

Et les animaux ? Est-ce qu'ils deviennent aussi plus intelligents pendant leur sommeil ?

Pour les animaux supérieurs comme les mammifères, il se passe exactement la même chose que pour l'homme. Le chien, le chat, la vache ou le lion ont également des périodes de sommeil paradoxal. Ils en profitent donc eux aussi pour progresser. Mais à leur manière. A la manière du cheval, par exemple, qui saura toujours mieux retrouver son chemin, qui réagira toujours plus calmement quand on montera sur son dos, mais qui restera de toute manière incapable de parler.

Lentement mais sûrement !

Généralement je ne suis pas rapide. Je garde par exemple un mauvais souvenir de mes derniers examens. Pour terminer dans les temps, j'ai dû écrire sans arrêt. A un moment donné, j'ai même dû lâcher mon crayon, car j'avais une crampe. Maman ne s'en est pas étonnée. Elle m'a dit que j'étais trop lente...

« Dépêche-toi de prendre ta douche avant le dîner » ; « Fais vite tes devoirs après l'école » ;

«ne traîne pas en rentrant; ce n'est pas le moment de dormir»... Décidément, qu'on ait dix ans, vingt ans, cinquante ou soixante ans, c'est toujours pareil. On passe beaucoup de temps à courir. Dans notre société tout va très vite, de sorte que ceux qui ont des réflexes rapides sont avantagés.

Être rapide est une qualité. On ne peut pas le nier. A l'école, lors des examens, tu as compris qu'on tenait compte de la vitesse à laquelle tu étais capable de travailler.

Alors moi je n'ai pas de chance, parce que je déteste me dépêcher...

On n'est pas moins intelligent parce qu'on est lent. Pour t'en convaincre, je te propose d'imaginer deux voyageurs qui doivent se rendre en train dans une ville voisine. Le premier saute dans l'express, tandis que le second monte dans l'omnibus. Résultat : tous deux arrivent à bon port. Ce qui est l'essentiel. Il y a tout de même une différence : le premier a le temps de découvrir la ville dans laquelle il est arrivé, mais l'autre pendant ce temps-là observe les villages qu'il traverse le long du parcours. Ainsi, l'un et l'autre voient du pays ; simplement, ce n'est pas le même pays.

SI C'EST PAS LE MÊME PAYS, ILS PEUVENT PAS ÊTRE DANS LA MÊME VILLE !

Ce n'est donc pas la rapidité qui est importante, mais l'attitude que l'on a. En voyage, comme partout ailleurs — à l'école ou avec ses parents —, si l'on se montre curieux, si l'on s'intéresse à ce qui nous entoure, on devient plus intelligent, que l'on soit rapide ou non.

Et vous, monsieur Jacquard, êtes-vous rapide ?

Je vais te raconter une aventure qui m'est arrivée. Un matin, une nouvelle idée, qui m'a paru particulièrement intéressante, m'est venue à l'esprit. Je me suis senti «très intelligent». L'après-midi, à la fin d'une réunion de travail, je n'ai pas résisté au plaisir d'expliquer la théorie que je m'étais formulée le matin. A peine avais-je terminé mon explication que j'ai été déçu. Au lieu de recevoir, comme je m'y attendais, des compliments, l'un des mes collègues a répliqué par un sourire moqueur : «Oui, je trouve cette idée très intéressante. Elle figure entièrement dans ma thèse ; je te l'ai donnée et tu l'as lue, il y a dix-huit mois. » Très étonné, j'ai invité mon camarade à venir consulter sa thèse dans la bibliothèque de mon bureau. Rapi-

dement nous retrouvons le passage exprimant presque mot pour mot « mon » idée. Pire, lors de ma première lecture, j'avais ajouté dans la marge « Non, faux ». J'avais donc mis dix-huit mois pour comprendre une phrase. Ça peut paraître beaucoup. Mais, en y réfléchissant, je trouve que c'est une chance, car maintenant je comprends vraiment bien ce problème. Je l'ai regardé sous tous ses angles, de sorte que j'en ai même fait une idée personnelle.

On ne peut pas mesurer l'intelligence !

Suis-je plus ou moins intelligente que mes copains de classe ? Je ne voudrais pas le savoir. Si, à l'école, on nous demandait de faire le test permettant de mesurer l'intelligence, j'aurais très peur. J'imagine que je me situerais dans la moyenne. Mais si ce n'était pas le cas ! De quoi aurais-je l'air ? Je préfère ne pas y penser.

Les psychologues ont imaginé toutes sortes de tests, qu'ils utilisent, par exemple, à l'école pour trouver le meilleur moyen d'aider un enfant qui a des difficultés scolaires, ou dans une entreprise avant de choisir un nouvel employé. Ces tests peuvent rendre service. Mais ils ne permettent en aucun cas de décrire l'intelligence d'un homme ou d'une femme. Ils se limitent à montrer si la personne a tendance à être plus rapide que la moyenne, si elle voit bien dans l'espace, si elle est plus imaginative que ses camarades ou si elle concentre mieux son attention. Et encore ! Ils ne précisent pas si celui qui a répondu aux questions est en forme ce jour-là ou s'il aurait eu un résultat tout autre le lendemain ou la veille.

Et le Q.I., c'est justement cela ?

Le Q.I., c'est en fait un nombre qui résume les résultats obtenus à de nombreux tests de ce genre. Sa méthode de calcul a été créée aux États-Unis pendant la Première Guerre mondiale. A l'époque, il a fallu organiser l'armée en toute hâte. Au lieu de laisser les sergents décider au

pifomètre dans quelle arme mettre chaque sol-
dat, on a préféré faire subir à chacun plusieurs
tests. La synthèse des résultats obtenus se résume
par un nombre unique, appelé « quotient intel-
lectuel » ou Q.I. Par la suite, ces méthodes ont
été affinées pour être appliquées dans les écoles
ou les entreprises.

*C'est un peu comme les notes que l'on reçoit
en classe !*

Oui. Et que se passe-t-il à l'école lorsqu'un
élève obtient, par exemple, une mauvaise note
en histoire ? Il risque d'être accusé de ne pas avoir

appris sa leçon. Peut-être qu'il s'agit là de la réalité. Peut-être qu'en revanche ce camarade a mal dormi la nuit précédente, ou est inquiet parce que ses parents se sont disputés la veille. On ne sait pas, et aucun chiffre ne peut donner ce renseignement.

Il est donc important de ne pas accorder trop de valeur aux examens et aux tests...

Le tronc dans la rivière

Je me plais dans mon quartier, car j'y ai des amis : Sonia, Carine, David et Julien. On se connaît si bien et on s'aime tant, qu'on se raconte tout ce qui nous passe par la tête... Et surtout on a des secrets en commun. Un peu comme si on était frères et sœurs. On se ressemble beaucoup !

Je vais te proposer un jeu très simple. Demande à Sonia, Carine, David et Julien de te décrire la maison de leurs rêves. Tu t'apercevras que chacun d'eux a des idées et des goûts différents. L'une des maisons pourra être petite, blottie derrière les arbres et accrochée au flanc d'une montagne. L'autre sera peut-être digne d'un prince, avec un somptueux porche et un grand parc se prolongeant sur une plage.

Personne ne peut deviner les réponses de tes amis. Mais ce qui est sûr, c'est qu'ils te présenteront quatre habitations très différentes les unes des autres.

Et si tu proposes le même test à tous tes camarades de classe, il y aura autant d'idées que de garçons et filles.

Tu vois donc qu'on peut se sentir très proche de certaines personnes tout en ayant une personnalité différente.

Mais avoir de la personnalité, qu'est-ce que cela veut dire ?

Imagine qu'en marchant tu trouves au bord d'un fleuve un tronc d'arbre. Il a encore quelques branches, mais son écorce s'est déjà détachée par plaques, tu le pousses du pied et l'envoies dans l'eau. C'est là que commence pour lui un grand voyage.

Lorsqu'il en a la possibilité, il se laisse flotter comme un radeau : il se bronze au soleil ou regarde les étoiles. A d'autres moments, il doit lutter : d'énormes rochers le projettent de part et d'autre, et des tourbillons d'eau l'immergent complètement. C'est difficile de supporter toutes ces agressions. D'ailleurs il a déjà perdu ses branches et son écorce. Il semble avoir suivi un régime tant il a maigri.

Elle est triste votre histoire...

Non, tu verras qu'elle finit bien.

Après plusieurs mois passés à lutter contre des obstacles, notre tronc s'aperçoit un matin par hasard dans les reflets de l'eau. Quelle surprise pour lui de constater combien il a changé : d'un tronc abîmé par le temps, il s'est transformé en une superbe sculpture. Il n'en revient pas. Pourtant il sait ce qui l'a rendu si beau : les obstacles qui l'ont empêché de se dorer au soleil jour et nuit, c'est-à-dire ceux qui se sont trouvés en tra-

vers de sa route, et qui lui ont rendu la vie difficile. Décidément, il est content d'avoir été lancé
dans les flots.

Pour nous, êtres humains, c'est un peu la même
chose. Emportés dans la vie, nous surmontons
des difficultés et des obstacles, mais nous traver-
sons aussi des moments de bonheur et de joie.
C'est tout cela qui nous forme et qui sculpte notre
personnalité.

L'école de mes rêves

Quand je sors de classe, je suis fatiguée. Car je dois souvent me dépêcher toute la journée. Papa dit que je n'ai pas à me plaindre : l'école, ce n'est pas fait pour rêver, mais pour travailler. Il a peut-être raison, mais moi je préfère les vacances, car je peux faire ce qui me plaît.

Je te propose d'oublier un moment ta classe, car j'ai envie de te présenter une école idéale, qui n'existe pour l'instant encore que dans ma tête.

Dans cette école, les professeurs ne connaissent pas l'âge des élèves. Non pas parce qu'on a voulu le leur cacher, mais parce que celui-ci n'a aucune importance.

Chaque enfant travaille à son rythme, à sa vitesse. Et on ne lui dit jamais qu'il est en avance ou en retard. Quand un élève a de la peine à suivre, il peut redoubler si c'est un avantage pour lui. Mais personne ne pensera qu'il s'agit d'un échec.

Dans cette école, l'enfant peut s'intéresser à toutes sortes de choses, très différentes les unes des autres : il a tout le temps, avant de devoir choisir lui-même une formation professionnelle. Pour l'instant, il peut continuer à « grandir dans sa tête ». Car on lui apprend non seulement des mathématiques ou de la grammaire, mais aussi la liberté, la curiosité, la justice, la camaraderie. Ces qualités ne s'enseignent pas avec des mots. On doit les ressentir en classe, et en voir des exemples.

J'aimerais bien aller dans cette école.

Sais-tu que tu n'es pas la seule ? J'ai parlé de mon idée à des professeurs. Et j'ai constaté que beaucoup d'entre eux aimeraient comme toi aller dans une telle classe. Alors, qui sait ? peut-être qu'un jour une telle école existera. Mais cela prendra de toute façon du temps. Car, pour y arriver, il faudra que la société attache moins d'importance à la compétition, au désir d'arriver avant l'autre, à la volonté d'être le plus fort.

Plus tard, j'aimerais devenir...

« Qu'est-ce que tu veux faire quand tu seras grande ? » Cette question, on me la pose souvent. Mais je ne sais pas quoi répondre, car je n'ai pas encore fait de choix définitif. J'aimerais devenir institutrice, pilote d'avion ou encore coiffeuse. Tout dépend des jours. Maman dit que j'ai encore le temps de changer d'avis plusieurs fois, et que, de toute façon, il faut que je travaille bien à l'école.

Moi aussi je me suis posé ce genre de questions. Plus d'une fois même, car j'ai changé de métier en cours de route. Cela m'a permis de comprendre qu'il est essentiel de prendre du temps pour choisir une profession. Mais je me suis aussi rendu compte qu'il est plus important encore de se demander ceci : réussir sa vie, qu'est-ce que cela veut dire ? Est-ce que cela signifie gagner beaucoup d'argent, être le chef, avoir beaucoup de responsabilités, être le premier, le gagneur ?

Non. Je ne crois pas. Ceux qui ont tout fait pour décrocher la meilleure place, et qui ont

réussi, ont toujours été déçus. Car, une fois qu'ils ont été les plus forts quelque part, ils ont voulu être les premiers ailleurs. Et ça n'en finit jamais.

Crois-moi, si chacun fait des efforts énormes pour terminer en tête, ceux qui n'y arrivent pas en souffrent beaucoup. Car s'il y a des vainqueurs, il y a aussi des perdants. Et cela, on ne devrait pas l'accepter. Il doit y avoir une place pour chacun, qui lui permette d'apporter beaucoup aux autres. Au travail, comme partout ailleurs.

Il y a quand même des métiers plus importants que d'autres...

Imagine-toi assise aux commandes d'un Boeing, prête à décoller. Malheureusement, il y a ce jour-là quelques imprévus : le copilote est resté endormi, les hôtesses font la grève, les mécaniciens ont oublié de faire le plein de kérosène, enfin les nettoyeurs n'ont pas fini leur travail. En un mot, c'est la panique. Et tu te retrouves clouée au sol.

Je crois que tous les métiers sont indispensables : quel que soit celui qu'on exerce, seul, on est totalement impuissant.

Mais alors, comment faire pour bien choisir sa profession ?

En te demandant ce que tu peux apporter dans le métier que tu souhaites choisir. Tu parles de devenir institutrice. Dans ce cas, imagine comment tu pourras permettre à chaque enfant de ta future classe d'apprendre au mieux. Si tu te destines au métier de coiffeuse ou à celui de pilote, il te faut savoir ce que tu souhaites faire dans cette profession. Ton désir est-il de rendre les gens beaux et de leur faire plaisir grâce à la coupe de cheveux que tu auras imaginée ? As-tu plutôt envie d'emmener des passagers à l'étranger, leur permettre de voyager sans crainte ?

Je crois qu'il est important de se poser ce genre de questions, d'abord avant de choisir une profession, puis de temps à autre, tout au long de sa vie.

Il y a travail et travail

Maman dit toujours qu'il n'y a pas de sot métier. Je suis bien d'accord avec elle, mais je trouve quand même certaines professions pénibles. Quand j'observe les gens rentrer du travail, beaucoup ont l'air tristes... Je ne me réjouis vraiment pas de quitter l'école dans quelques années...

Il y a travail et travail. Nous n'avons en effet qu'un seul mot pour désigner des activités bien différentes : celle de l'écrivain qui, à sa table, écrit avec passion un livre, et celle du mineur qui, au fond d'une galerie mal aérée, abat du charbon avec un marteau piqueur. Le premier choisit de passer des heures à trouver les phrases qui expriment sa pensée. Le second accepte des moments difficiles, car il faut bien « gagner sa vie ». C'est tout à fait différent.

C'est amusant que vous parliez des mineurs,

car mon papa dit souvent en partant à l'usine :
« Je vais au charbon »...

Il pourrait dire aussi : « Je vais à la mine »,
« Je vais au chagrin », ou encore « au turbin ».
Quand on parle du travail, on utilise rarement
des expressions gaies. Et cela ne date pas d'hier.
Le mot latin à l'origine du mot « travail » désigne un tabouret sur lequel on installait les gens
pour les torturer. Alors ne devrait-on pas réser-
ver le mot « travail » aux activités déplaisantes ?
Si tel était le cas, on pourrait dire que moins il
y a de « travail », mieux cela vaut. L'essentiel,
c'est que l'activité de tous permette à chacun de

manger, de boire, de se loger. En un mot, de bien vivre.

Pour y parvenir, il a fallu travailler dur pendant longtemps. Les paysans par exemple passaient des journées entières dans les champs lors des moissons. En pleine chaleur, ils fauchaient le blé à la main, mettaient la paille en meules, rentraient le grain à la ferme, le battaient.

Aujourd'hui, une machine fait tout ce travail. Personne ne n'en plaindra.

Mais alors on devrait partout laisser les machines faire le travail !

L'idéal serait que personne n'ait jamais l'impression de « travailler ». Moi-même, ce que je fais, j'ai toujours l'impression d'avoir choisi de le faire. J'aimerais qu'il en soit ainsi pour tout le monde. Alors, chaque fois qu'une machine remplace l'homme dans un travail pénible, j'ai envie de dire bravo.

C'est d'ailleurs ce que souhaitaient, voilà plusieurs siècles, quelques philosophes, quelques poètes. Ils imaginaient qu'un jour les machines feraient le travail des hommes. Et ils disaient que les hommes seraient ainsi débarrassés de la malédiction du travail, qu'ils n'auraient plus à gagner leur pain à la sueur de leur front. « Ce sera l'âge d'or », disaient-ils.

Aujourd'hui, cet âge d'or arrive et, bêtement, on l'appelle « la crise ». Cela prouve que nous n'avons pas su nous adapter à un changement trop rapide.

Personne n'est jamais de trop

L'autre jour Sonia m'a confié qu'à la maison l'ambiance était pénible. Son père, au chômage, répète à longueur de journée qu'il ne vaut rien, puisqu'il ne trouve pas de travail. Sa mère, elle, se plaint de le voir tourner en rond dans l'appartement.

Je l'ai écoutée sans savoir que répondre. J'étais triste pour elle, et surtout, j'avais peur de vivre pareille situation. En arrivant chez moi, j'ai tout de suite demandé à papa s'il risquait d'être un jour au chômage...

Aujourd'hui, c'est vrai, il y a moins de travail qu'il y a une vingtaine d'années. Dans de nombreuses entreprises, des machines et des ordinateurs remplacent une bonne partie des hommes et des femmes. En général, les grandes personnes redoutent cette évolution. Elles craignent de se retrouver bientôt toutes au chômage. Car, dans notre société, lorsqu'on perd son emploi, on se sent vite inutile, coupé du monde. Je ne peux accepter que des gens comme le papa de Sonia soient mis à l'écart. Personne n'est jamais de trop. On a tous besoin des autres pour vivre.

Mais que devrait-on faire ?

Les adultes pourraient tout simplement se partager le travail qui reste à faire. Si toutes les grandes personnes passaient, chaque semaine, quelques heures de moins au bureau, à l'atelier ou à l'usine, il y aurait de nouveaux emplois pour les chômeurs. Cette solution est simple, et surtout très agréable, car il faut le rappeler : travailler, ce n'est pas drôle tous les jours...

Pense par exemple à tes parents : ils n'auraient pas à courir toute la journée, comme ils le font

souvent actuellement, quand ils travaillent à l'extérieur tous les deux. Et puis, toi, tu aurais le plaisir de les voir davantage, puisqu'ils passeraient plus de temps à la maison.

Je sais que de nombreuses personnes pensent qu'il s'agit là d'un rêve. Moi, je suis persuadé que cette idée est réalisable. Bien sûr, cela demande quelques petits sacrifices : il faudrait par exemple dépenser moins pour les vacances ou les cadeaux de Noël. Mais il vaut la peine d'avoir un peu moins d'argent si cela permet de mieux vivre ensemble, et à chacun d'être heureux.

On a besoin des autres pour vivre

Quand on joue devant la maison, c'est toujours la même chose : dès qu'on fait un peu de bruit, la vieille dame du quatrième commence à s'énerver. Elle ouvre la fenêtre pour nous gronder. Une fois, elle nous a même lancé un seau d'eau depuis son balcon. On a d'abord protesté, puis on est allés s'amuser plus loin. Mais je ne suis pas d'accord : la pelouse est à tout le monde...

Toi et moi, nous avons beaucoup de chance, car nous avons des amis. C'est tellement important de pouvoir discuter et rire avec eux, jouer et travailler ensemble. Si tu es seule sur la place de jeux, tu as sûrement envie qu'un copain ou une copine te rejoigne. Lorsque tu quittes l'école, tu préfères probablement discuter avec tes camarades sur le chemin du retour, plutôt que de marcher en solitaire sur la route.

C'est merveilleux de se sentir aimé, et de pouvoir aimer. Tout le monde n'a pas cette chance.

Vous croyez qu'elle n'a pas d'amis, la dame du quatrième...

Il m'est déjà arrivé de rencontrer des gens qui ont les mêmes réactions qu'elle. Et chaque fois, je me suis rendu compte que ces hommes et ces femmes souffrent effectivement de n'avoir pas d'amis. Comme ils sont très souvent seuls, ils n'ont personne à qui se confier. Ils passent une bonne partie de leur temps enfermés chez eux, et deviennent de plus en plus malheureux. Ils finissent par en vouloir au monde entier. Si bien que le moindre bruit — celui que vous faites en jouant par exemple — leur est insupportable.

Comme ils ne sont jamais gais, ils se retrouvent peu à peu complètement isolés. Il leur manque donc quelque chose d'essentiel : la chaleur que peuvent apporter les amis.

Mais moi, j'aime passer de longs moments à jouer seule dans ma chambre !

Ça ne m'étonne pas ! Si l'on veut pouvoir apprécier les autres, si l'on veut qu'ils nous permettent de grandir, de nous construire, il faut que les contacts soient suivis de moments où l'on est seul. On peut alors laisser aller son imagination, réfléchir, se détendre. C'est dans ces instants qu'on va, sans le savoir, adapter ce que l'on a vu et entendu à notre personnalité.

Qu'est-ce que cela veut dire « adapter ce que l'on a vu à notre personnalité » ?

C'est un peu comme si une copine te fournissait un sac de petits carreaux. Les mêmes que les siens. Elle te propose alors d'imaginer seule une mosaïque. Si le lendemain tu compares ta mosaïque avec celle de ton amie, elles seront différentes. Car vous avez toutes les deux une personnalité propre. Ce petit sac de carreaux, ce sont les idées que peuvent te donner les autres, et la mosaïque, c'est ce que tu en fais avec ta personnalité.

On pourrait aussi faire une grande mosaïque toutes les deux ensemble !

Quelle bonne idée ! Vous pourriez ainsi chacune profiter des idées de l'autre.

C'est ce que ne peut pas faire la vieille dame du quatrième. Elle n'a probablement pas d'amis avec qui réaliser une mosaïque. C'est cela aussi la solitude. Car il est nécessaire, pour construire toutes les mosaïques d'une vie, d'avoir tour à tour des moments en solitaire et des moments en bonne compagnie.

Un prisonnier,
c'est d'abord un homme

Dans le quartier vivait un homme qui est aujourd'hui en prison. Pourtant on le trouvait sympa. Quand on jouait devant la maison et qu'il nous croisait, il nous saluait toujours, nous souriait, et parfois même nous parlait ! Il nous a attristés. En prison ! Et nous qui pensions que c'était un homme bien…

Un homme « bien ». Pourquoi ne le resterait-il pas pour toi et tes copains ? L'idée te paraît

sans doute bizarre. Mais cela vaut la peine d'y réfléchir. Je me suis retrouvé, il y a quelques années, dans une prison de haute sécurité, près de Montréal, au Canada. Les détenus m'avaient demandé de venir parler avec eux. Il y avait là des gens qui avaient tué, volé, commis des hold-up, que sais-je encore ?

Au cours de la discussion, un des prisonniers m'a demandé ce qui était essentiel pour moi. Sans réfléchir, je lui ai répondu : la vie et la liberté. Tu te rends compte ? Parler de liberté à des détenus qui en ont pour vingt ou trente ans ! Quand j'ai réalisé ce que j'avais dit, je suis devenu rouge de honte, et je me suis excusé :

« C'est malin, quelle gaffe. Excusez-moi. J'avais oublié où j'étais. » Ils m'ont répondu : « Vous avez surtout oublié *qui* nous étions. »

Vous aviez oublié qu'ils étaient en prison...

En fait, je ne l'avais pas vraiment oublié. Mais, pour moi, ils étaient d'abord des hommes. Comme Mozart. Comme Einstein. Comme toi. Comme moi. Bien sûr, ils avaient fait des choses épouvantables. Mais ils s'étaient déjà retrouvés devant un tribunal et ils avaient été jugés pour ce qu'ils avaient fait. C'est normal et même indispensable. De mon côté, en revanche, je n'avais pas à les juger une nouvelle fois. C'est pourquoi

je n'avais aucune raison d'avoir de mauvais contacts avec eux. Je pouvais partager ainsi des moments inoubliables, qui nous ont enrichis mutuellement. Et quand je suis parti en leur disant merci, ils ont su que ce n'était pas un merci de politesse, mais qu'ils m'avaient fait un cadeau en m'accueillant.

Vous aussi vous leur avez fait un beau cadeau en passant un long moment avec eux !

Oui. Je crois qu'eux aussi ont eu du plaisir à me rencontrer. Mais j'espère seulement que ces prisonniers ont d'autres occasions pour discuter avec des gens. Car, si je trouve normal qu'ils soient privés de liberté, j'estime qu'ils ne doivent pas manquer de contact, d'amour et d'amitié… En veillant à cela, je pense que nous pourrions déjà arranger un peu les choses dans les prisons, comme à l'extérieur.

Un cousin différent des autres...

Tous les mardis en fin de journée, je prends le bus avec quelques copines pour aller à un cours de danse. Dès que nous sommes assises dans le compartiment, nous sommes accostées par deux handicapés mentaux qui se prennent pour des contrôleurs. Au début, ils nous faisaient peur. Maintenant on les trouve plutôt comiques.

Ils me font penser à mon cousin qui est aussi handicapé mental.

Les premières fois que je l'ai vu, j'étais gênée. Mais ça n'a pas duré. Maintenant je m'amuse bien avec lui, même s'il est très différent des autres.

C'est vrai qu'au premier abord ces jeunes peuvent paraître très différents de nous. Mais, même si cela nous choque, nous fait peur ou nous fait rire, on peut essayer de les accepter tels qu'ils sont, et apprendre à mieux les connaître. Cela en vaut la peine, car ils sont capables de nous apporter beaucoup, comme tu l'as constaté grâce à ton cousin.

Vous-même, vous connaissez aussi des enfants handicapés ?

Je vais parfois dans des classes d'enfants que l'on présente comme plutôt débiles. Je passe là des moments très riches. Pourtant j'ai aussi été mal à l'aise quand, pour la première fois, je me suis retrouvé seul devant trente-cinq garçons et filles ayant de gros problèmes scolaires. Mais très vite nous avons eu du plaisir à être ensemble. Ils n'ont pas arrêté de me poser toutes sortes de questions inattendues, mais le plus souvent très importantes.

Malheureusement, ils avaient l'impression de ne pas être «intelligents». Ils avaient donc renoncé à tout effort pour apprendre de nouvelles choses.

Je leur ai expliqué qu'à mon avis l'important ce n'est pas d'être plus intelligent que les autres, mais de devenir chaque jour un peu plus intelligent... que soi-même.

*C'est comme mon cousin. Il a fait de gros pro-
grès ces derniers temps. Il a appris à mieux se
faire comprendre, à dessiner et à manger pro-
prement. Il faut dire que ma tante l'a beaucoup
aidé.*

Effectivement, ces enfants ont encore plus
besoin des autres pour évoluer. Comme on le voit
avec ton cousin, la famille et surtout les parents
sont très importants. Mais l'école et les ensei-
gnants le sont tout autant. L'ennui, c'est que bien
souvent ces enfants sont laissés de côté, alors
qu'ils auraient besoin que l'on s'occupe d'eux
en permanence. Car si, toi et moi, nous avons
la possibilité d'apprendre quelque chose tous les
jours, il n'y a pas de raison qu'ils ne puissent
pas en faire autant, même si c'est à un rythme
plus lent.

*Mais il y a aussi des enfants qui sont telle-
ment handicapés qu'ils ne pourront jamais rien
apprendre.*

Tu as raison. Comme leur cerveau ne peut

fonctionner, ils ne pourront jamais participer à la vie en société. Mais ceux-là aussi font partie de la richesse de tous. L'émotion que nous avons face à eux, les questions que leur état nous oblige à nous poser, tout cela nous transforme, nous fait devenir plus « hommes ».

Méfions-nous des additions !

Pour ma fête, j'ai reçu une calculette. C'est formidable : je peux écrire des nombres de huit chiffres, j'additionne, je multiplie. Le résultat apparaît aussitôt, sans jamais aucune erreur. Vraiment, ces machines sont extraordinaires !

Il est vrai que ces machines, qui manipulent des nombres et les transforment, rendent de précieux services. Pourtant, face aux nombres, plus encore que face aux mots, il faut savoir rester méfiant.

Effectuer une opération aussi simple que l'addition, peut renfermer des pièges. Pour t'en convaincre, je vais te poser une colle : Que font « 2 et 2 » ?

Quatre évidemment !

C'est une solution, mais cela peut aussi faire vingt-deux. Tout dépend du sens que l'on donne

au mot « et ». Je t'avais dit « et », et tu as répondu comme si je t'avais dit « plus ». Or, ce n'est pas identique.

Je me suis rendu compte que les maths pouvaient être parfois trompeuses lors d'un voyage dans la brousse au Sénégal. Là-bas, j'ai fait la connaissance d'un jeune homme qui allait enfin épouser la fille qu'il aimait. Lorsque je lui ai demandé pourquoi il avait attendu jusqu'à maintenant, il m'a répondu qu'il devait acheter une vache et l'offrir au père de sa fiancée.

C'est alors que nous nous sommes livrés à de savants calculs :

« Comment as-tu eu ta vache ?

— Avec 7 chèvres, car chez nous 1 vache vaut 7 chèvres.

— Comment as-tu eu ta 7e chèvre ?

— Avec 6 poulets, car chez nous 1 chèvre vaut 6 poulets.

— Par conséquent, chez vous, 1 vache vaut 42 poulets.

— Personne ne serait assez bête pour faire cet échange ! »

Tous ses camarades auraient pu le dire : il faut être stupide pour venir acheter une vache avec 42 poulets. C'est trop encombrant : le transport et les comptes sont trop difficiles. Ce calcul n'avait donc aucun intérêt.

Cette aventure m'a permis de comprendre

qu'on n'additionne pas aussi facilement des poulets avec des poulets. Il est indispensable, lorsqu'on fait des calculs, de bien réfléchir à ce que l'on va mettre ensemble. Encore davantage lorsqu'il s'agit de personnes. Si je te demande par exemple combien il y a d'étrangers dans ta classe, que me réponds-tu ?

Il y en a 7 : 2 Algériens, 2 Portugais, 1 Tamoul, 1 Italien et 1 Espagnol.

L'addition est juste, mais la réponse n'est peut-être pas bonne. Car es-tu sûre que ce sont des étrangers ? Le petit garçon tamoul a été adopté, les jeunes Algériens sont nés dans notre pays, etc. Dans ma question, le mot important

MOI, J'AIME MIEUX LES HISTOIRES DE PIERRE BELLEMARE

n'était pas le mot « combien », mais le mot « étrangers ». Est-ce qu'il désigne des personnes qui n'ont pas notre nationalité, ou des personnes qui sont élevées dans une culture autre que la nôtre, ou encore des personnes qui ont toujours vécu ici, mais qui ont un autre passeport ? La véritable difficulté est de définir de quoi on parle. Or, bien souvent on se précipite dans un calcul pour éviter de devoir réfléchir à la question elle-même.

La couleur de la peau... un détail

Dans mon immeuble habite Méralde. Autrefois, on était inséparables, un peu comme des sœurs, même si elle est très différente de moi : elle a la peau toute foncée et de grands yeux noirs ; je suis châtain aux yeux verts. Bien sûr, on se disputait parfois, mais ça ne changeait rien à notre amitié. Depuis qu'on va à l'école, on joue moins ensemble, et elle est devenue un peu agressive. Mes copains disent que c'est normal, car les Turcs sont tous des violents.

Des yeux foncés, des cheveux noirs, la peau plus ou moins brune. Voilà quelques caractéristiques qui te permettent de reconnaître, dans ton école par exemple, ceux qui viennent d'«ailleurs». C'est vrai qu'ils sont très différents au premier abord. Mais le sont-ils vraiment plus que tes autres camarades de classe?

Si tu notes sur un papier tout ce qui vous distingue les uns des autres, tu seras sans doute surprise : l'un est grand, l'autre petit. Certains ont le nez en trompette, d'autres une toute petite bouche. Les oreilles non plus ne sont pas toutes les mêmes. Et là je ne parle que des traits physiques.

Et pour le caractère, je peux faire le même exercice?

C'est sûr. Tu arriveras à des conclusions semblables.

Et tu constateras que tu n'es finalement pas plus différente de ta copine turque que d'un autre copain français. D'ailleurs, les scientifiques sont arrivés à la même conclusion : ils savent aujourd'hui que, chez les humains, on ne peut pas définir de races bien délimitées comme on peut le faire pour certaines espèces d'animaux. La couleur de la peau, par exemple, devient un détail quand on pense à toutes les autres différences possibles entre deux hommes pris au hasard.

Mais alors, lorsque certains parlent de la violence des Turcs ou de la paresse des Noirs, ils se trompent ?

Sans aucun doute. La seule chose sûre est que les Noirs ont la peau foncée. Quant à leurs caractères, ils sont aussi variés que ceux des Blancs.

Le courage, l'honnêteté, la domination de soi sont des qualités individuelles, non celles d'une population.

On fait tous parfois cette même erreur. Quand on ne comprend pas quelqu'un, quand il est différent, on a, tout au fond de soi, une petite peur. On voudrait que cette personne ne soit pas là, qu'elle ne nous dérange pas.

Et puis, sans vraiment s'en rendre compte, on se met à lui trouver toutes sortes de défauts, et à la critiquer. Enfin, on ne rate pas une occasion pour se prouver que ce que l'on dit est vrai.

C'est stupide de réagir ainsi. D'abord, on fait souffrir et on blesse celui qu'on attaque. Ensuite,

on gâche une relation qui pourrait être riche, aussi bien pour soi-même que pour l'autre.

Et Méralde, alors ?

N'est-elle pas devenue agressive parce qu'elle se sent seule et qu'on l'injurie fréquemment ? Dans ce cas, il vaudrait mieux oublier votre peur, ou plutôt essayer de la dépasser. Vous pourriez alors apprendre à mieux la connaître et à profiter de vos différences pour vous enrichir l'une l'autre, et avoir le plaisir d'être ensemble.

Maria la petite Tzigane

Au coin de la rue habitent des Tziganes. Papa dit qu'il n'y a pas si longtemps ils « faisaient encore la route », c'est-à-dire qu'ils vivaient toute l'année dans une caravane. Ils sont très spéciaux : il y a toujours du monde qui entre et qui sort de leur appartement. Ils mangent des choses bizarres : d'après Philippe qui habite dans le même immeuble, les odeurs de cuisine dans le corridor sont très fortes. Enfin, tout le monde se demande de quoi ils peuvent bien vivre, car personne ne semble partir au travail régulièrement.

Je vais te raconter moi aussi une histoire. Il était une fois un petit garçon, Valentin, qui vivait dans un hameau éloigné de tout. Pour lui, la vie n'était pas triste, mais pas très gaie non plus, car il ne se passait pas grand-chose en ces lieux. Un beau jour d'été, une grande famille de Romanichels s'arrêta là, sans rien demander à personne.

Les habitants du village, très fâchés, décidèrent
de les ignorer… sauf Valentin, plus curieux que
les autres. Il se faufila en cachette aux abords
du campement pour observer ce qui s'y passait.
C'est là qu'il se fit surprendre par une petite
Romanichelle, Maria. Après s'être longuement
observés, les enfants commencèrent à jouer
ensemble. Très vite, ils devinrent inséparables.

Les parents n'étaient pas très heureux de les
voir ainsi. Mais ils ne firent rien pour s'y oppo-
ser vraiment. Si bien qu'au bout de quelques
jours, nos deux amis se connaissaient comme s'ils
avaient toujours vécu l'un avec l'autre : Valentin avait appris à Maria à jouer quelques airs de
flûte. Il lui avait fait découvrir sa cabane secrète

DE TOUTE FAÇON, LES
HISTOIRES DE VACANCES,
ÇA NE DURE PAS!

et son cake préféré. Maria, quant à elle, avait raconté à Valentin quelques histoires merveilleuses de sa famille. Elle lui avait expliqué comment on fait un panier en osier, et surtout comment on prépare les excellents œufs à la zingara.

Quelques mois plus tard, alors que Maria et sa famille avaient quitté le hameau depuis longtemps, Valentin entendit un de ses cousins critiquer une personne en s'exclamant : « Quelle espèce de Romanichel ! » Il n'en écouta pas plus et, sans dire un mot, sortit en claquant la porte. Aujourd'hui, le cousin se demande toujours quelle mouche avait piqué Valentin, ce jour-là.

Ce n'est pourtant pas compliqué...

Oui, tu as raison. Valentin et Maria, qui vivent de façon très différente, ont eu la chance de se rencontrer. Grâce aux moments passés ensemble, l'un et l'autre ont découvert un monde nouveau. Celui des gens de la route pour le premier et celui de la ferme pour la deuxième. Ils se sont ainsi rendu compte qu'il vaut la peine d'aller vers les autres, et de ne pas juger leur façon de vivre avant de les connaître. Même s'ils sont au premier abord très différents de nous. Valentin et Maria n'auront peut-être jamais plus l'occasion de se revoir. Pourtant, tous les deux garderont dans leurs cœurs, et pour toute la vie, le souvenir de ces journées merveilleuses.

Table

COMPOSÉ PAR CHARENTE-PHOTOGRAVURE À ANGOULÊME
ET IMPRIMÉ PAR MAME IMPRIMEURS À TOURS (5.95)
DÉPÔT LÉGAL : NOVEMBRE 1989. N° 11399-3 (34644)

Du même auteur

Éloge de la différence
coll. «Points Sciences», 1981

Moi et les Autres
coll. «Point-Virgule», 1983

Au péril de la science ?
coll. «Points Sciences», 1984

L'Héritage de la liberté
coll. «Science ouverte», 1986
coll. «Points Sciences», 1991

Cinq Milliards d'hommes dans un vaisseau
coll. «Point-Virgule», 1987

Abécédaire de l'ambiguïté
coll. «Point-Virgule», 1989

Moi je viens d'où ?
coll. «Petit Point», 1989

Voici le temps du monde fini
1991
coll. «Points Essais», 1993

Un monde sans prisons ?
(avec la contribution d'Hélène Amblard)
coll. «Point-Virgule», 1993

E = CM2
coll. «Petit Point», 1993

Absolu
avec l'Abbé Pierre
(dialogue animé par Hélène Amblard)
1994

L'Utopie ou la Mort
Canevas, 1993

L'Explosion démographique
Flammarion, 1993

Qu'est-ce que l'hérédité ?
Grancher, 1993

Le Mime
*(avec Marie-José Auderset
et Béatrice Poncelet)
Joie de lire, 1994*

Les Hommes et leurs gènes
Flammarion, 1994

Science et Croyances
*(avec Jacques Lacarrière)
Écriture, 1994*

J'accuse l'économie triomphante
Calmann-Lévy, 1995

Collection « Petit Point »